Absinthe

8,-

[...] Département du Royaume, [...]
appartiendra; Salut. Nous vous mandons [...]
vous agiez à laisser librement passer La [...]
allians à francfort avec [...]
femme [...] table de [...]

sans [...] Donner ni souffrir qu'il [...]
empêchement. le présent passeport valab[le]
[...]

Donné à Paris le 5, Ju[...]

Margaretha Junker
Clara Tuma

Absinthe

Die Grüne Fee in der Küche

Sinnliche Rezepte für Pikantes und Süsses,
Drinks und Gebäck

AT Verlag

© 2012
AT Verlag, Aarau und München
Lektorat: Kristin Bamberg, München
Rezepte: Margaretha Junker
Fotos: Clara Tuma
Schmuckillustration: Anka Wessely
Bildaufbereitung: Vogt-Schild Druck, Derendingen
Druck und Bindearbeiten: AZ Druck und Datentechnik, Kempten
Printed in Germany

ISBN 978-3-03800-621-3

www.at-verlag.ch

Inhalt

Eine kulinarische Premiere

Mit diesem Buch erhält die legendäre Grüne Fee endlich, was sie schon lange verdient hat: eine kulinarische Hommage. Es würdigt die legendäre Spirituose in über 50 pikanten und süssen Rezepten, in denen sich die Aromenfülle und das vielschichtige Wesen der Grünen Fee spiegeln und genussreich zur Geltung kommen. Die teils französisch, teils mediterran oder schweizerisch inspirierten Gerichte erfreuen den Gaumen und den Geist mit der ganz besonderen Magie, die nur der Absinthe bewirken kann. Er ist schliesslich nicht irgendein Schnaps, sondern hat eine fast hundertjährige bewegte Geschichte bis hin zur Prohibition hinter sich. Noch im Jahr 1985 vermochte der Absinthe einen veritablen Skandal auszulösen, und zwar in seiner Heimat, dem Kanton Neuenburg: Ein couragierter Gastronom servierte dem ehemaligen französischen Präsidenten François Mitterand ein «Soufflé glacé à la fée verte». Der dafür verwendete Absinthe war notabene schwarzgebrannt, da es ihn von Gesetzes wegen damals gar nicht geben durfte. Vier Tage Haft auf Bewährung waren der Preis für den ritterlichen Akt im Dienste der Grünen Fee.

Spätestens seit diesem Eklat wissen Gourmets, dass die Grüne Fee lukullisch einiges zu bieten hat. Während sie im Neuenburgischen längst zum Küchenrepertoire gehört, erfreute sie den Rest der Welt bislang vor allem als Aperitif. Eine Rezeptsammlung über die traditionell in den Familien weitergegebenen Spezialitäten hinaus existierte nicht. Dieses Buch schliesst nun diese Lücke und zeigt, worauf es beim Kochen mit Absinthe ankommt: Kräuterbrände sind kräftige Aromenspender. Qualität und Geschmack tragen entscheidend zum Gelingen der «Gourmandises à l'absinthe» bei. Geschmack und Aroma des Absinthes werden einerseits vom Wermut geprägt, andererseits von weiteren mitdestillierten Kräutern und Gewürzen. Es lohnt sich, vorab ein Gläschen davon zu kosten. Aber Obacht: Der Hochprozentige fährt ein! Und bei einem Alkoholgehalt von 50 bis 55 Volumenprozent, wie er von Kennern geschätzt wird, dürfte auch klar sein: Die kulinarischen Absinthe-Stimulanzien sind nicht jugendfrei.

Nun wünschen wir Ihnen «Bon appétit»!
Margaretha Junker
Clara Tuma

In Bann der Grünen Fee

Eine Kultfigur feiert Renaissance: Nach fast hundert Jahren Verbannung ist die Grüne Fee, die einst Künstler und Literaten zu kreativen Höhenflügen inspiriert hat, zurück.

Die heutige Erfolgsgeschichte beginnt im März 2005: Der Absinthe wird in der Schweiz offiziell rehabilitiert und legalisiert. Nach fast hundert Jahren Prohibition darf die Grüne Fee, wie der Wermutbranntwein poetisch genannt wird, wieder bezaubern. Landauf, landab wird ihre Rückkehr gefeiert. In ihrer Heimat, dem Val de Travers im Neuenburger Jura, avanciert sie zum touristischen Magneten und darüber hinaus zum Exportschlager. Der Clou dabei: Weder ausgefeilte Werbekampagnen noch moderne Marketingstrategien haben diesen Boom hervorgerufen. Die magische Wirkung der Spirituose wurzelt einzig in ihrer legendären Geschichte. Die Grüne Fee umgibt ein mythenreicher Nimbus, der seit Generationen währt.

Bereits Mitte des 19. Jahrhunderts tauchen die ersten Zeugnisse ihres sagenhaften Potenzials auf – allerdings nicht im verträumten Val de Travers, sondern im pulsierenden Paris. In der Stadt der schönen Künste preisen Kulturschaffende jeder Couleur die Grüne Fee. Sie soll wahre Wunder wirken, was Inspiration und Kreativität anbelangt. In Bars und Cafés etabliert sich die «Grüne Stunde», «l'heure verte». Bohemiens zelebrieren sie nach Feierabend mit allerlei Ritualen, die dem Aperitif prompt Kultstatus verleihen. Zu Beginn des 20. Jahrhunderts schwebt fast die gesamte europäische Elite der Literatur und der bildenden Künste im Absinthe-Taumel. Prominente Verehrer sind Pablo Picasso, Paul Gaugin, Vincent van Gogh, Paul Verlaine, Édouard Manet, Henri de Toulouse-Lautrec, Charles Baudelaire, Arthur Rimbaud, Ernest Hemingway und Oscar Wilde. Einige haben ihrer Muse gar ein Werk gewidmet, etwa die Maler Edgar Degas («Der Absinth», 1876), van Gogh («Stillleben mit Absinth», 1887) und Picasso («Das Glas Absinth», 1911). Auch in der Poesie und Literatur hinterlässt die Grüne Fee Spuren. Oscar Wilde, passionierter Provokateur und Absinthe-Trinker, der den Begriff «Grüne Fee» geprägt haben soll, verfasste 1882 enthusiastisch folgende Zeilen: «Absinthe has a wonderful color, green. A glass of absinthe is as poetical as anything in the world. What difference is there between a glass of absinthe and a sunset?»

Vom Heil- zum High-Elixier

Oscar Wildes Worte hätten Pierre Ordinaire, dem mutmasslichen Absinthe-Erfinder, vermutlich die Zornesröte in die Wangen getrieben. Als der Medicus Mitte des 18. Jahrhunderts im neuenburgischen Couvet das «élixir d'absinthe» zum ersten Mal verabreicht, will er damit garantiert keine hedonistischen Gelüste generieren, sondern die Zipperlein seiner Patienten kurieren. Worauf schon der Name schliessen lässt: Denn Echter Wermut, lateinisch *Artemisia absinthium,* ist ein jahrtausendealtes pflanzliches Pharmazeutikum. Kultiviert ist das Kraut häufig in Gärten anzutreffen, wild hingegen ein eher seltenes Geschöpf, ausser – wen wundert es? – im Wallis und im Val de Travers. Der Echte Wermut schmeckt sehr bitter, wodurch sich der Absinthe von ähnlichen Anisgetränken unterscheidet. Bei einem wirklich guten Absinthe bleibt eine leichte Bitterkeit im Gaumen hängen, vergleichbar dem Abgang bei einem grossen Wein.

Charme und Charakter erhalten die Brände durch mitdestillierte Kräuter und Gewürze. Gängige Ingredienzien sind Anis, Fenchel, Zitronenmelisse und Ysop. Darüber hinaus werden weitere Aromenträger verwendet, etwa Muskat, Salbei, Wacholder und Zimtrinde. Das Grün vieler Absinthe-Sorten stammt vom Chlorophyll typischer Färbekräuter wie Wermut, Ysop, Melisse und Pfefferminze.

Viele Kräuter und Gewürze haben eine heilsame Wirkung – und manche gar eine berauschende. Der Echte Wermut enthält Thujon, einen stark psychoaktiven Stoff, der im Gehirn an den gleichen Rezeptoren andockt wie THC von Cannabis. Wohl dosiert, erweitert Thujon das Bewusstsein und schärft die Sinneswahrnehmung. So wirken zum Beispiel Farben schillernder, insbesondere Gelbtöne. Das berühmte «Van-Gogh-Gelb», Blickfang zahlreicher Gemälde des Künstlers, soll Absinthe-inspiriert sein. Neuere Untersuchungen an Proben von alten Absinthes haben allerdings ergeben, dass der Thujongehalt nie höher war als 35 Milligramm pro Liter. Das ist der Grenzwert, der für hochprozentige Absinthes zugelassen ist. Die berauschende Wirkung dürfte also eher am Alkohol gelegen haben.

Als Hexe gebrandmarkt

Auf dem Höhepunkt seiner Karriere kam Absinthe in Verruf: Um 1900 sieht sich die stetig wachsende Fangemeinde des Genusses Heerscharen von Gegnern gegenüber, die den grassierenden Absintheismus als Teufelswerk geisseln. Die Grüne Fee wird als Hexe gebrandmarkt und bezichtigt, unter anderem die Kriminalität zu fördern, Familien zu zerstören, ja, die Zukunft des Landes zu ruinieren! Wie in den meisten Ländern Europas tritt in der Schweiz 1910 ein Gesetz in Kraft, das Herstellung, Transport, Verkauf und Besitz von Absinthe verbietet. Nicht betroffen von diesem Verbot ist allerdings der Konsum.

Im Val de Travers wird die Gesetzeslücke zum Schlupfloch: Man beruft sich auf gigantische Vorräte von Absinthe, trinkt fröhlich weiter und brennt den Schnaps heimlich hinter Hecken und Mauern, in Kellern, Scheunen und Badezimmern. Schätzungsweise achtzig Klandestine versorgen in den nächsten Jahrzehnten die Talschaft mit Schwarzgebranntem. Die Grüne Fee wird zur Galionsfigur von Widerständlern und Sympathisanten, die aus allen Ecken der Welt angereist kommen, um vom Verbotenen zu kosten.

Erst im Frühjahr 2005 findet das anarchistische Versteckspiel ein Ende: Die Absinthe-Prohibition wird aufgehoben. Zeigte sich die Grüne Fee bis dahin nur dem gewitzten Liebhaber der Spirituose, ist sie jetzt allgegenwärtig. Im Val de Travers wird die Liberalisierung indes nur bedingt goutiert. Für Traditionalisten ist die Marktöffnung nämlich ein Wermutstropfen, da Absinthe-Rezepturen, die samt exklusiven Tipps und Tricks von Generation zu Generation überliefert worden sind, nun Standards entsprechen müssen.

Am Mythos des Zaubertranks wird sich jedoch kaum etwas ändern. Schliesslich hat die Grüne Fee Krisen und Kriege, Verteufelung und Verbannung überlebt.

«Messieurs, Dames. C'est l'heure verte!»
Stephanie Riedi

Absinth oder Absinthe? Kommen Sie auf den Geschmack!

von Roger Liggenstorfer

Beim legendären Absinthe-Fest in Boveresse im Val de Travers, das 1997 zum ersten Mal stattfand – acht Jahre, bevor Absinthe wieder legalisiert wurde –, erklärte mir ein selbst ernannter Kenner der Spirituose aus Deutschland: «Absinthes aus der Schweiz haben alle mehr oder weniger den gleichen Geschmack!» Auf die Frage, wie er zu diesem Urteil komme, stellte sich heraus, dass er tschechische Absinthes bevorzugt. Diese schmecken in der Tat anders, nämlich viel bitterer als die schweizerischen Destillate, sind zum Teil künstlich giftgrün oder mit intensiven, eigenartigen Aromen versehen und haben mit dem echten Absinthe aus dem Val de Travers nur wenig gemeinsam. Einige enthalten nicht einmal Anis, wohl aber reichlich Wermut. Schweizerische und tschechische Absinthes haben meistens nur den Namen gemeinsam.

Wer sich eingehender mit den Absinthe-Sorten aus dem Val de Travers befasst, wird feine und subtile Unterschiede feststellen. Man sollte sich auf den Musenkuss der Grünen Fee einlassen … Einige Sorten mit einem grösseren Anteil an Süssholz und Ysop sind süsslicher, andere anishaltiger oder bitterer durch den Wermut, wiederum andere zeichnen sich durch Minzegeschmack aus oder durch einen pelzigen Belag, den sie auf der Zunge zurücklassen. Die traditionellen Sorten aus dem Val de Travers nennt man auch «Les Bleues» oder «Les Blanches» – je nachdem, ob sie bläulich oder weisslich sind, was vom Anisgehalt abhängt. Mittlerweile werden im Val de Travers auch grünliche Sorten (Absinthe Verte) hergestellt, deren Färbung durch das natürliche Chlorophyll der Pflanzen hervorgerufen wird. Diese grünen Absinthe-Sorten sind meist intensiver im Geschmack und haben eine starke Wermutnote. Im Gesetz wurde bei der Legalisierung ausdrücklich festgehalten: Ein echter Schweizer Absinthe darf weder künstlich gesüsst noch gefärbt werden.

In der Küche sind eher sanftere und im Geschmack abgerundete Absinthes zu bevorzugen. Für einige Gerichte mag eine stark anishaltige Sorte von Vorteil sein, aber Anis ist nicht jedermanns oder jederfraus Geschmack – man liebt ihn oder man verabscheut ihn. Stark alkoholhaltige Absinthes sind mit Vorsicht zu geniessen – als Getränk ebenso wie beim Kochen und Backen. Immerhin haben «Absinthes supérieures», wie sie seit jeher genannt werden, einen Alkoholgehalt von bis zu 77 Volumenprozent.

Es bestehen auch Unterschiede in der Art des Alkohols, der bei der Destillation dieses Elixiers zum Einsatz kommt: Traditionell verwendet man im Val de Travers Alkohol aus Weinbrand, also aus der Weinproduktion. Einige wenige Absinthe-Destillate aus Val-de-Travers sowie andere Schweizer Sorten verwenden hingegen Obstbrand, dessen Aroma auch im fertigen Destillat präsent bleibt, was zum Beispiel in einem Dessert interessant und passend ist.

Um die jeweils passende Absinthe-Sorte herauszufinden, sind folgende Schritte – wie bei einer professionellen Degustation – zu empfehlen: Probieren Sie einen Teelöffel pur, also ohne Wasser. Die Kostprobe wird dann ausgespuckt und der Mund mit Wasser, Brot oder einem kleinen Stück stark kakaohaltiger Schokolade neutralisiert. Dann probiert man die nächste Sorte. So lässt sich feststellen, ob ein Absinthe süsslich, anishaltig, bitter, rund, pelzig oder nach Heu schmeckt.

Übrigens: Da Absinthe ein Getränk aus dem französischen Sprachraum ist, halten wir uns an die französische Schreibweise: also Absinthe statt Absinth.

Roger Liggenstorfer ist Mitinhaber der Absinthe-Bar «Die grüne Fee» in Solothurn. www.diegruenefee.ch

Hinweise zu den Rezepten

Wenn nicht anders angegeben, sind die Rezepte für 4 Personen berechnet.

Die Rezepte, in denen sich die Grüne Fee blicken lässt, können mit mehr oder weniger Absinthe parfümiert werden. Wem der Sinn nach einem intensiveren Absinthe-Geschmack steht, gibt einige Tropfen mehr von dem Destillat hinzu – je nach Lust und Wagemut. Die im Rezept angegebene Dosierung bewirkt jeweils einen ausgewogenen Geschmack.

Dosierungen pro Person:
1 Teelöffel Absinthe – parfümiert
1 cl Absinthe – belebt die Sinne
2 cl Absinthe – macht Lust auf mehr
3 cl Absinthe – benebelt

1 cl = 10 ml = 1–2 Esslöffel
100 ml = 10 cl = 1 dl = $\frac{1}{10}$ l

Mit Esslöffel und Teelöffel ist jeweils ein gestrichener Löffel gemeint.

Cocktails & Co.

Absinthe klassisch

Für 1 Getränk

2 cl Absinthe
1 Stück Würfelzucker
100 ml eisgekühltes Wasser

Den Absinthe in ein Absinthe-Glas oder ein dickwandiges Wasserglas geben.

Den Zucker auf einen Absinthe-Löffel oder eine Gabel legen und kurz in den Absinthe tauchen. Dann den Löffel auf das Glas legen und den Zucker anzünden. Brennen lassen, bis er zu karamellisieren beginnt. Den Löffel mit dem Zucker ins Glas geben.

Nun das eisgekühlte Wasser sehr langsam ins Glas einlaufen lassen. Auf diese Weise werden die Aromen freigegeben und das Destillat erhält seine typisch milchige Farbe.

Beerenbowle

Für etwa 1 Liter Bowle

1 Limette
50 ml Wasser
50 ml Cassissirup
ca. 120 g gemischte Garten- und Waldbeeren
(z. B. Johannisbeeren, Himbeeren, Heidelbeeren und Walderdbeeren)
4 cl Absinthe
750 ml Rosé-Schaumwein, brut

Von der Limette mit einem Sparschäler die Schale fein abschälen. Die Limettenschale mit dem Wasser und dem Cassissirup aufkochen. Den Sirup abkühlen lassen
und die Limettenschale entfernen.

Die Beeren verlesen und mit kaltem Wasser abspülen. Gut abtropfen lassen
und in eine weite Schüssel geben. Erst den Sirup und dann den Absinthe dazugeben.
Die Beeren zugedeckt mindestens 30 Minuten marinieren lassen.

Die marinierten Beeren mit gekühltem Schaumwein aufgiessen. Die Bowle nach
Belieben mit Eis servieren.

Geniessertipp
Für einen Aperitif rechnet man pro Person etwa 200 ml Bowle.

Feen-Shot

Rezept aus der «Grünen Fee» in Solothurn

Für 1 Getränk

1 Schuss Minzesirup
1 cl Absinthe
2–3 cl eisgekühltes Wasser

Den Minzesirup und den Absinthe in ein kleines Glas oder Shot-Glas geben und mit dem eisgekühlten Wasser aufgiessen.

«Absinthe: ein äusserst heftiges Gift.
Ein Glas, und Sie sind tot.»

Gustave Flaubert

Geeister Espresso mit Schuss

Für 2 Getränke

4 Stück Würfelzucker
3 Portionen Espresso
3 cl Absinthe
Eis

Die Würfelzucker in ein Glas geben. Den heissen Espresso darübergiessen. Umrühren, bis sich der Zucker aufgelöst hat. Den Espresso mit Absinthe parfümieren und erkalten lassen.

Eis klein zerstossen. Zwei nicht zu hohe Gläser zur Hälfte mit Eis füllen und den kalten Espresso darübergiessen.

Frappé Grüne Muse

Für 2 Getränke

50 g Zucker
50 ml Wasser
1 dünne Zitronenscheibe
ca. 2 cl Absinthe
Minzesirup
1 Vanilleschote
10 Espresso-Kaffeebohnen
300 ml Milch
150 ml Rahm
2 grosse Kugeln Vanilleglace (Eis)

Den Zucker mit dem Wasser und der Zitronenscheibe zu einem Sirup einkochen.
Den Sirup durch ein Sieb giessen und mit 2 Esslöffeln Absinthe parfümieren.
Mit etwas Minzesirup grün einfärben und auskühlen lassen.

Die Vanilleschote aufschlitzen und mit den ganzen Kaffeebohnen in der Milch
erwärmen. Bei kleiner Hitze 10 Minuten ziehen lassen. Die Milch im Kühlschrank
erhalten lassen, dann durch ein Sieb giessen.

Den Rahm steif schlagen und mit etwas Absinthe parfümieren. Mit 1–2 Tropfen
Minzesirup einfärben. Die Absinthe-Milch und die Vanilleglace mit dem Stabmixer
aufschäumen. In zwei hohe Gläser füllen. Den Rahm daraufgeben. Mit jeweils
1–2 Teelöffel Absinthe-Sirup beträufeln.

Chocolat au poivre

Für 1 Getränk

70 g Schokolade (72 % Kakaogehalt)
250 ml Vollmilch
1 Prise Cayennepfeffer
2 cl Absinthe
nach Belieben wenig Milchschaum oder Schlagrahm
zerstossene rosa Pfefferkörner und Schokoladensplitter als Garnitur

Die Schokolade in Stücke brechen und mit der Milch langsam erwärmen; nicht kochen, aber gut warm werden lassen, bis die Schokolade geschmolzen ist.

Die Schokoladenmilch mit Cayennepfeffer und dem Absinthe parfümieren. In eine grosse Tasse giessen. Nach Belieben mit etwas Milchschaum oder Schlagrahm sowie wenig zerstossenem rosa Pfeffer und Schokoladensplittern garnieren.

Absinthe à la citronelle

Für 1 Getränk

Für den Zitronengrassirup	**Für den Cocktail**
2 Stängel Zitronengras	*2 cl Absinthe*
100 ml Wasser	*3 cl Gin*
50 g Zucker	*1 cl Zitronengrassirup*
2 Esslöffel Zitronensaft	*eisgekühltes Wasser*
	1 Cocktailkirsche

Für den Zitronengrassirup von den Zitronengrasstängeln die harten, äusseren Blätter entfernen. Die Stängel etwas quetschen und halbieren. Die Zitronengrasstängel mit dem Wasser aufkochen. Zucker und Zitronensaft dazugeben und zu Sirup einkochen. Den Sirup durch ein Sieb giessen und auskühlen lassen. Er reicht für 4 Cocktails.

Für den Cocktail den Absinthe in ein Cocktailglas geben. Gin und Zitronengrassirup dazugiessen und mit einem Schuss eisgekühltem Wasser auffüllen. Den Cocktail mit einer Cocktailkirsche garnieren.

Vorratstipp

Der Zitronengrassirup ist im Kühlschrank 1–2 Wochen haltbar.

Absinthe à l'orange

Für 1 Getränk

2 cl Absinthe
2 cl Orangenlikör (z. B. Grand Marnier)
2 cl Whisky
2 Orangen
Eiswürfel

Den Absinthe mit dem Orangenlikör und dem Whisky in ein hohes Glas geben. Die Orangen auspressen und den Saft dazugiessen. Den Drink mit Eiswürfeln servieren.

Kalte Gerichte

Kalte Tomaten-Melonen-Suppe

400 g vollreife Fleischtomaten
1 kleine Zwiebel
ca. 10 g (2 cm) frischer Ingwer, geschält
Olivenöl
½ Teelöffel Zucker
100 ml Gemüsebouillon
Salz
½ vollreife Cantaloupemelone
2 Esslöffel Absinthe
Tabasco
4 Datteltomaten

Die Tomaten in kochendem Wasser kurz blanchieren, häuten und vierteln.
Die Zwiebel und den Ingwer hacken. 1 Esslöffel Olivenöl erwärmen, Zwiebel, Ingwer
und Tomaten hineingeben, mit dem Zucker bestreuen und gut andünsten. Die
Gemüsebouillon dazugiessen und die Suppe etwa 20 Minuten zugedeckt kochen lassen.
Mit Salz abschmecken und im Kühlschrank auskühlen lassen.

Mit einem Kugelausstecher einige Kugeln aus der Melone ausstechen. Das übrige
Melonenfleisch aus der Schale lösen und zur Tomatensuppe geben. Die Suppe mit dem
Stabmixer pürieren. Dann durch ein Sieb streichen. Die Tomaten-Melonen-Suppe
mit 2–3 Esslöffeln Olivenöl, Absinthe, Salz und Tabasco abschmecken. Die Melonen-
kugeln und Datteltomaten als Garnitur in die Suppe geben.

«Whisky und Bier sind für Idioten,
Absinthe für Poeten.»

Ernest Christopher Dawson, englischer Schriftsteller (1867–1900)

Entenbrust mit pikantem Melonensalat

1 Entenbrust
Salz, Pfeffer aus der Mühle
2–3 Thymianzweige

Für den Melonensalat

2 Orangen
1 Thymianzweig
1 Teelöffel Honig
1 Prise Chiliflocken
3 cl Absinthe
2–3 Esslöffel Traubenkernöl
½ Charentais- oder Cantaloupemelone
½ Honigmelone

Den Backofen auf 80 Grad vorheizen. Eine Platte mitwärmen.

Die Fettschicht der Entenbrust kreuzweise einschneiden. Die Fleischseite mit Salz und Pfeffer würzen. Eine Bratpfanne leer erhitzen. Die Entenbrust zuerst mit der Fettseite in die Pfanne legen und 3–4 Minuten braten, dann auf der Fleischseite 2 Minuten braten. Die Entenbrust auf die vorgewärmte Platte geben, 2–3 Thymianzweige dazulegen und das Fleisch im vorgeheizten Ofen bei 80 Grad etwa 40 Minuten garen. Die Entenbrust aus dem Ofen nehmen und abkühlen lassen.

Die Orangen auspressen. Den Orangensaft mit dem Thymianzweig, Honig, Chiliflocken, Absinthe und etwas Salz etwas einkochen. Die Marinade abkühlen lassen, das Traubenkernöl einrühren und die Sauce abschmecken.

Das Fruchtfleisch der Melonen in kleine Würfel schneiden. Mit der Sauce mischen und etwa 30 Minuten marinieren.

Die Entenbrust in dünne Scheiben schneiden und mit dem Melonensalat anrichten.

Jambon persillé à l'absinthe

Für 6 Personen

1 kg rohe, geräucherte Schweinsschulter ohne Knochen (Schüfeli)
3–4 Wacholderbeeren
1 Schalotte
2 Lorbeerblätter
5 Petersilienzweige
500 ml Wasser
100 ml Weisswein
3 cl Absinthe
3 Beutel Sulzpulver (Aspik, Sülze) à ca. 12 g
½ Salatgurke

Das Fleisch mit den Wacholderbeeren, der ganzen Schalotte und den Lorbeerblättern in einen Topf geben. Die Petersilienblätter abzupfen und beiseitestellen; die Stängel zum Fleisch geben. Alles mit Wasser bedecken und aufkochen. Das Fleisch bei kleinster Hitze etwa 1½ Stunden gar ziehen lassen. Das Schüfeli herausheben und auskühlen lassen.

Wasser, Weisswein, Absinthe und Sulzpulver mischen und unter Rühren aufkochen. Die Sulz mit Absinthe abschmecken. Die Petersilie hacken und hinzugeben. Die Sulz abkühlen lassen bis sie zu gelieren beginnt.

Inzwischen eine Terrinenform von etwa 1½ Liter Inhalt mit Klarsichtfolie auslegen. Das Schüfeli in ½–1 cm grosse Würfel schneiden. Von der Gurke 6 feine Scheiben abschneiden. Die übrige Gurke entkernen, in Streifen schneiden und mit dem Fleisch mischen.

Etwas Sulz in die Form giessen, die Gurkenscheiben darauflegen und die Sulzschicht im Kühlschrank fest werden lassen. Dann die Fleisch-Gurken-Mischung einfüllen und mit Sulz bedecken. 1 Stunde kühl stellen. Mit der restlichen Sulz begiessen, sodass ein glatter Abschluss der Terrine entsteht. Den Jambon persillé im Kühlschrank etwa 6 Stunden fest werden lassen. Zum Servieren stürzen und in Scheiben schneiden.

Kochtipps

— Geliert die Sulze zu fest, kann sie durch Erwärmen wieder verflüssigt werden.
— Als Expressvariante kann man die Terrine mit gekochtem Schinken zubereiten.

Apéro-Gipfeli mit Fenchel

Für 18–20 Stück

130 g Fenchel
Salz
40 g reifer Bergkäse
50 g Ricotta
ca. 4 Esslöffel Absinthe
1 Prise Cayennepfeffer
250 g Blätterteig
1 Ei, verquirlt
1 Teelöffel Mohnsamen

Den Fenchel putzen und fein hacken. In wenig Salzwasser 1 Minute blanchieren, dann abgiessen und abtropfen lassen. Den Käse klein schneiden. Den Fenchel mit dem Käse und dem Ricotta mischen. Die Masse mit Absinthe parfümieren, mit Salz und Cayennepfeffer abschmecken.

Den Backofen auf 200 Grad vorheizen.

Den Blätterteig 2 mm dünn rechteckig ausrollen. Den Teig in 15 cm breite Streifen und daraus gleichschenklige Dreiecke schneiden. Auf die Breitseite jeweils etwas Fenchelmasse geben. Die Ränder mit Ei leicht bestreichen und die Gipfeli von der Breitseite her aufrollen.

Die Gipfeli auf ein mit Backpapier belegtes Blech geben. Mit Ei bestreichen und mit Mohnsamen bestreuen. Die Gipfeli im vorgeheizten Ofen bei 200 Grad etwa 15 Minuten backen.

Vorratstipp

Die ungebackenen Gipfeli lose tiefkühlen, dann in Gefrierbeutel abpacken. So sind sie 2 Monate haltbar. Die tiefgekühlten Gipfeli können direkt wie im Rezept beschrieben gebacken werden; die Backzeit verlängert sich dann um 2–3 Minuten.

Gemüse-Canapés mit Rohschinken

Für 10–12 Stück

Je 1 kleine gelbe und grüne Zucchetti
1 Fleischtomate
Olivenöl
3 Esslöffel Absinthe
2 Esslöffel Gin
50 ml Tomatensaft
Salz, Pfeffer aus der Mühle
3–4 Silserbrötchen (Laugenbrötchen)
100 g Serrano- oder anderer Rohschinken

Die Zucchetti in kleine Würfel schneiden. Die Tomate hacken. Die Zucchetti
in einer weiten Bratpfanne in Olivenöl gut anbraten. Die Tomate dazugeben und mit
Absinthe und Gin ablöschen. Den Tomatensaft hinzugeben und das Gemüse bei
guter Hitze so lange kochen, bis die Flüssigkeit fast vollständig eingekocht ist. Mit Salz
und Pfeffer pikant würzen. Das Gemüse kann kalt oder warm serviert werden.

Die Silserbrötchen in dünne Scheiben schneiden. Die Gemüsemischung daraufgeben
und mit Schinken belegen.

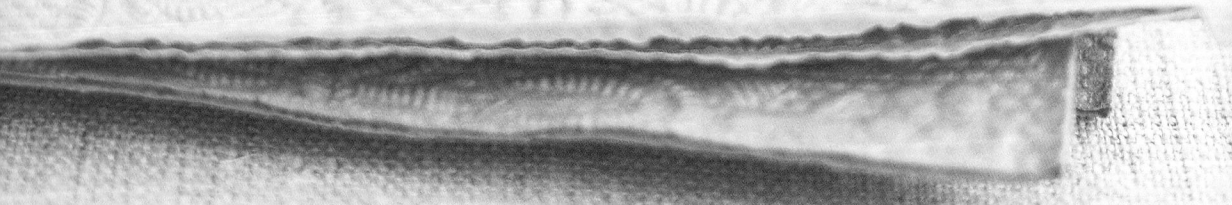

«*Was ist der Unterschied zwischen einem Glas Absinthe
und einem Sonnenuntergang?*»

Oscar Wilde

Salat von Rouget und grünen Bohnen

400 g feine, grüne Bohnen
1 Esslöffel Fenchelsamen
1 Esslöffel Honig
2 Esslöffel Absinthe
4 Esslöffel Rotweinessig
3 Esslöffel Traubenkernöl
Fleur de Sel
1 Esslöffel Mehl
4 Rotbarbenfilets (Rouget)
2 Esslöffel Olivenöl

Die Bohnen in Salzwasser bissfest garen, in kaltem Wasser abschrecken und gut abtropfen lassen.

Die Fenchelsamen im Mörser zerstossen. In einer Pfanne ohne Fett erwärmen, bis sie gut riechen.

Den Honig mit dem Absinthe, dem Rotweinessig und dem Traubenkernöl zu einer Sauce rühren. Die Hälfte der Fenchelsamen hinzugeben und die Sauce mit Fleur de Sel würzen. Die Bohnen daruntermischen und den Salat etwas ziehen lassen.

Das Mehl mit Salz und den restlichen Fenchelsamen würzen. Die Fischfilets im Mehl wenden, überschüssiges Mehl abklopfen. Die Fischfilets mit der Hautseite nach unten im heissen Olivenöl etwa 30 Sekunden braten. Die Filets wenden und nur noch kurz fertig braten.

Den Bohnensalat auf vier Tellern anrichten und je ein Fischfilet darauflegen.

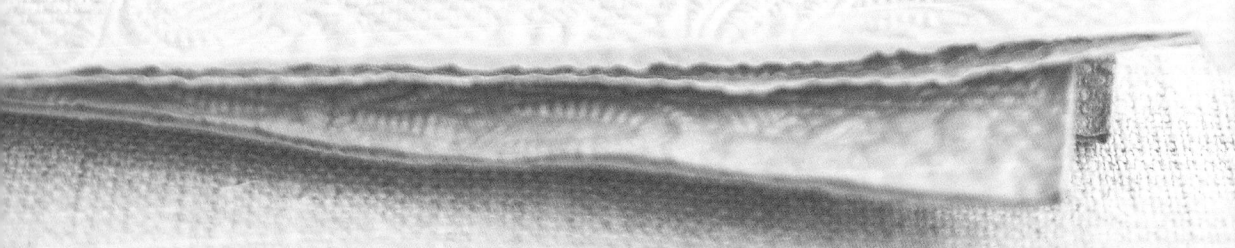

Flussforellen-Sashimi mit Limettenmarinade

1 Limette
2–3 Scheiben eingelegter Ingwer
½ Chilischote
1 Prise Zucker
3 Esslöffel Absinthe
3 Esslöffel Sojasauce
2 Esslöffel Rapsöl
2 Flussforellenfilets, küchenfertig (siehe Tipps)
1 kleines Stück Salatgurke
½ Avocado
Meersalz

Von der Limette die Schale fein abreiben. Den Ingwer fein hacken. Die Chilischote entkernen und klein schneiden. Limettenschale, Ingwer und Chili mit dem Zucker, dem Absinthe, der Sojasauce und dem Rapsöl mischen. So viel Limettensaft dazupressen, dass die Marinade eine angenehme Säure hat.

Die Forellenfilets nach Gräten abtasten und diese mit einer Pinzette herausziehen. Die Forellenfilets mit einem scharfen Messer leicht schräg in etwa 2 mm dünne Scheiben schneiden. Den rohen Fisch auf flachen Tellern auslegen. Die Gurke und das aus der Schale gelöste Avocadofleisch klein schneiden.

Das Flussforellen-Sashimi leicht salzen und mit der Marinade beträufeln. Mit Gurke und Avocado garnieren.

Einkaufstipps
— Beim Fischkauf auf fangfrische Rohessqualität achten, da er nicht gekocht wird.
— Die Fangsaison für Flussforellen ist von Mai bis September. Die Forelle beim Fischhändler vorbestellen. Filetieren und häuten lassen.
— Anstelle von Forelle kann auch fangfrischer Saibling verwendet werden.

Blütensalat mit Absinthe-Pfirsich-Dressing

1 weissfleischiger Pfirsich

2 gelbfleischige Pfirsiche

2 Esslöffel Rohrzucker

1 Zweig Lavendel

2–3 Esslöffel Absinthe

4 Esslöffel milder Essig (z. B. weisser Balsamico)

3 Esslöffel Traubenkernöl

Fleur de Sel, Pfeffer aus der Mühle oder Blütenpfeffer

300 g gemischter Schnittsalat

1 Handvoll essbare Blüten und Blütenblätter

(z. B. Ringelblume, Duftveilchen, Lavendel und Gänseblümchen)

Den Backofen auf 170 Grad vorheizen.

Die Pfirsiche entsteinen und in Schnitze schneiden. Die Pfirsichschnitze im Zucker wenden und in eine Gratinform legen. Den Lavendelzweig darauflegen. Die Früchte im vorgeheizten Ofen bei 170 Grad etwa 10 Minuten backen, bis sie schön weich sind. Je nach Reifegrad kann es etwa 5 Minuten länger dauern. Die Lavendelblüten über die Pfirsiche zupfen.

Die Pfirsichschnitze von einer halben Frucht mit dem Stabmixer pürieren. Das Pfirsichpüree mit Absinthe, Essig und Traubenkernöl zu einer Sauce rühren. Mit Salz und Pfeffer abschmecken.

Den Schnittsalat mit den Blüten, den Blütenblättern und den Pfirsichschnitzen hübsch anrichten. Die Sauce erst kurz vor dem Servieren darüberträufeln.

Formaggini mit roten Absinthe-Linsen

250 g rote Linsen
3–5 Esslöffel Distelöl
ca. 2 cl Abinthe
150 ml Wasser
½ Teelöffel milder Senf
Salz, schwarzer Pfeffer aus der Mühle
1 Handvoll gemischte Kräuter (z. B. Kerbel, glatte Petersilie und etwas Majoran)
2–4 Ziegenmilch-Formaggini, je nach Grösse

Die Linsen in etwas Distelöl andünsten. Mit 1 cl Absinthe ablöschen. Das Wasser dazugiessen und die Linsen zugedeckt leise köchelnd 10–15 Minuten knapp weich kochen. Die Flüssigkeit sollte fast vollständig eingekocht sein.

Den Senf mit 1 cl Absinthe, 2–3 Esslöffeln Distelöl, Salz und Pfeffer zu einer Sauce rühren. Die warmen Linsen mit der Sauce mischen. Den Linsensalat abschmecken und abkühlen lassen.

Die Kräuter grob hacken und mit dem Salat anrichten. Große Formaggini halbieren und eine Hälfte, bei kleinen Formaggini jeweils einen ganzen auf den Absinthe-Linsen anrichten.

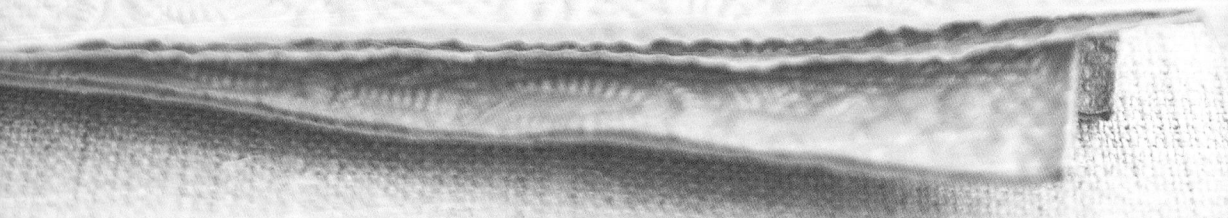

«Es ist der Teufel in flüssiger Form.»

Raoul Ponchon, französischer Dichter und Freund von Paul Verlaine

Warme Gerichte

Jakobsmuscheln in Absinthe-Rahm

12 Jakobsmuscheln mit Corail
4–5 Esslöffel Absinthe
600 g Wirz (Wirsing)
2 Karotten
1 Esslöffel Sonnenblumenöl
150 ml Gemüsebouillon
1 Teelöffel Mehl
2 Esslöffel Butter
250 ml Vollrahm
Salz

Die Jakobsmuscheln mit kaltem Wasser abspülen, auf einem Teller auslegen und mit einigen Tropfen Absinthe beträufeln. Die Muscheln kurz marinieren lassen.

Den Wirz halbieren und den Strunk entfernen. Den Wirz in etwa 1 cm breite Streifen schneiden. Die Karotten schälen und mit einem Sparschäler in feine Streifen schneiden. Die Gemüse im heissen Öl andünsten. Die Bouillon dazugiessen und das Gemüse knapp weich garen. Die Restflüssigkeit abgiessen.

Die Muscheln trocken tupfen und mit Mehl bestäuben. In der Butter bei mässiger Hitze beidseitig etwa 2 Minuten braten. Den Rahm dazugiessen, mit etwa 2 Esslöffeln Absinthe parfümieren. Die Muscheln im Absinthe-Rahm leise köchelnd 3–4 Minuten gar ziehen lassen. Den Rahm zum Gemüse giessen und gut mischen. Mit Salz und Absinthe abschmecken. Die Muscheln darauf anrichten.

Einkaufstipp

Eine frische Jakobsmuschel hat glänzendes perlmuttfarbenes Muskelfleisch und einen nussigen, leicht süsslichen Geschmack. Den orangeroten Strang entlang der Muschel nennt man Corail (der Rogen).

Fischsuppe mit Safran und Fenchel

500 g Fischabschnitte vom Fischhändler
Salz
1 Schalotte
1 Karotte
50 g Fenchel
1 Briefchen Safran
2 Esslöffel Olivenöl
100 ml trockener Weisswein
3 cl Absinthe
100 g Lachsrückenfilet
100 g Gelbflossen-Thunfischfilet
150 g Wolfsbarschfilet
4 rohe Crevetten in der Schale

Die Fischabschnitte mit kaltem Wasser gründlich abspülen. In einen Topf geben und mit kaltem Wasser bedecken. Aufkochen, salzen und leise köchelnd 20 Minuten ziehen lassen. Den Fischfond durch ein feinmaschiges Sieb abgiessen.

Die Schalotte in feine Streifen schneiden. Die Karotte und den Fenchel in mund-gerechte Stück schneiden. Die Schalotte mit Karotte, Fenchel und dem Safran in einer weiten Pfanne im Olivenöl andünsten. Den Weisswein dazugiessen und etwas ein-kochen lassen. Den Fischfond mit Wasser auf 500 ml auffüllen und hinzugeben. Die Suppe 10–15 Minuten köcheln lassen. Mit Salz würzen und mit Absinthe parfümieren.

Die Fischfilets in 2 cm grosse Stücke oder Streifen schneiden. Mit den Crevetten erst kurz vor dem Servieren in die Suppe geben. 2–3 Minuten darin ziehen lassen. Das Fischfleisch darf im Kern noch glasig sein. Die Suppe mit Absinthe abschmecken.

Kochtipp
Der Fischfond dient auch als Basis für Fischsaucen. Er kann auf Vorrat zubereitet und in kleinen Portionen tiefgekühlt werden.

Einkaufstipp
Fischfilets in Rohessqualität einkaufen, da sie nicht ganz durchgegart werden.

Rock Lobster im Salzbett

8 Rock-Lobster-Schwänze à 80–100 g

ca. 1 kg grobkörniges Meersalz

2 Scheiben Toastbrot

1 Frühlingszwiebel

2 Zweige glatte Petersilie

1 kleine Chilischote

3–4 Esslöffel Olivenöl

3 Esslöffel Absinthe

1 Limette, geviertelt, zum Beträufeln

Von den Lobsterschwänzen die pergamentartige Haut an der Schwanzunterseite mit einer Schere abschneiden. Das Fleisch vorsichtig aus der Karkasse heben, aber nicht herauslösen. Das Salz in eine flache, ofenfeste Form geben. Die Lobster-schwänze darin einbetten.

Den Backofen auf 180 Grad vorheizen.

Das Toastbrot entrinden und etwas zerzupfen. Frühlingszwiebel und Petersilie grob hacken. Die Chilischote entkernen. Toastbrot, Frühlingszwiebel, Petersilie und Chili im Cutter nicht zu fein hacken. In eine Schüssel geben und mit Olivenöl und Absinthe beträufeln. Die Masse auf den Lobsterschwänzen verteilen und leicht andrücken.

Die Lobsterschwänze im vorgeheizten Ofen bei 180 Grad 5–7 Minuten backen. Dann den Ofengrill auf 220 Grad einstellen und noch 2–3 Minuten überbacken.

Geniessertipp

Das Lobsterfleisch bei Tisch mit etwas frisch gepresstem Limettensaft und Absinthe beträufeln.

Saucisson im Brancheteig

2 Saucissons à ca. 600 g
(z.B. Neuenburger)
2 Lorbeerblätter
1 Teelöffel Fenchelsamen
3 cl Absinthe
1 Zwiebel

Für den Briocheteig
ca. 120 ml Milch
100 g Butter
20 g Hefe
½ Teelöffel Zucker
2 Eier
400 g Mehl
1 Teelöffel Salz
Sesamsamen

Die Würste in einen Topf geben und mit Wasser knapp bedecken. Lorbeerblätter, Fenchelsamen und Absinthe beifügen. Die Zwiebel vierteln und hinzugeben. Das Wasser aufkochen, dann die Saucissons, ohne zu kochen, 20 Minuten im Wasser ziehen lassen. Den Topf vom Herd nehmen und die Würste im Wasser etwas abkühlen lassen.

Die Milch mit der Butter handwarm erwärmen. Die Hefe mit dem Zucker verrühren. Die Eier verquirlen. Das Mehl in eine Schüssel geben und mit dem Salz mischen. Hefe, Milch und die Hälfte der verquirlten Eier hinzugeben. Alle Zutaten zu einem glatten, elastischen Teig verkneten. Den Briocheteig zugedeckt an einem warmen Ort auf das Doppelte aufgehen lassen.

Den Backofen auf 180 Grad vorheizen.

Den Briocheteig halbieren. Die beiden Teigportionen auf etwas Mehl ½ cm dick rechteckig ausrollen. Die Würste aus dem Absinthe-Sud heben und gut abtropfen lassen. Auf die Teigplatten legen. Die Teigränder mit verquirltem Ei bestreichen und die Würste in den Teig einschlagen. Nach Belieben mit Teigresten garnieren.

Die Saucissons im Teig auf ein mit Backpapier belegtes Backblech legen, mit Ei bestreichen und mit Sesamsamen bestreuen. Im vorgeheizten Ofen bei 180 Grad mit Umluft etwa 30 Minuten goldbraun backen. Vor dem Aufschneiden die Würste im ausgeschalteten, geöffneten Ofen 10 Minuten ruhen lassen.

Serviertipp
Zu den Würsten passt der Kräutersenf (siehe Seite 110).

Kalbsgeschnetzeltes Grüne Fee

250 g frische, ausgelöste Erbsen

500 g Kalbsnuss oder Kalbshuft

2 Schalotten

Salz, Pfeffer aus der Mühle

2 Esslöffel Bratbutter

1 Teelöffel Mehl

3 cl Absinthe

200 ml Kalbsfond

120 ml Vollrahm

1 Sträusschen gemischte Kräuter

(z. B. Petersilie, Kerbel und Basilikum)

Die Erbsen in Salzwasser 2 Minuten blanchieren. Abgiessen und mit kaltem Wasser abschrecken.

Das Kalbfleisch in etwa 1 cm grosse Würfel schneiden. Die Schalotten fein schneiden. Das Fleisch mit Salz und Pfeffer würzen. Die Bratbutter in einer Bratpfanne erhitzen. Das Fleisch in zwei Portionen scharf anbraten: Zuerst 1 Minute anbraten, dann wenden und noch etwa 2 Minuten fertig braten. Die Schalotten zum Fleisch geben und alles mit Mehl bestäuben, gut mischen. Das Fleisch im vorgeheizten Ofen bei 70 Grad warm halten.

Den Bratensatz mit Absinthe ablöschen. Den Kalbsfond dazugiessen und etwas einkochen lassen. Dann den Rahm hinzugeben und die Sauce sämig einkochen lassen. Die Kräuterblätter hacken und in die Sauce geben. Die Sauce mit dem Stabmixer einmal kurz durchmixen. Dann das Fleisch und die Erbsen hinzugeben und alles 1–2 Minuten, ohne zu kochen, nur noch heiss werden lassen. Mit Salz und Absinthe abschmecken.

Pfeffer-Mignons mit Roquefort

2 Esslöffel schwarze Pfefferkörner

4 Rindsfilets mignon à 160 g

Salz

2 Esslöffel Olivenöl

3 cl Absinthe

100 ml Rindsfond

4 Salbeiblätter

etwas Zitronensaft

80 g Roquefort

Den Backofen auf 80 Grad vorheizen. Eine Platte mitwärmen.

Die Pfefferkörner im Mörser nicht zu fein zerstossen. Die Filets mignon mit Salz würzen und im heissen Olivenöl rundum 3–4 Minuten anbraten. Mit einem Schuss Absinthe ablöschen. Das Fleisch auf die vorgewärmte Platte geben, den Pfeffer darüberstreuen. Im vorgeheizten Ofen bei 80 Grad etwa 40 Minuten gar ziehen lassen. Die Kerntemperatur sollte 55–60 Grad betragen.

Den Bratensatz mit dem Rindsfond ablöschen. Die Salbeiblätter hinzugeben und die Sauce etwas einkochen lassen. Mit Salz, Absinthe und Zitronensaft abschmecken.

Kurz vor dem Servieren das Fleisch aus dem Ofen nehmen. Die Ofentemperatur auf 150 Grad erhöhen. Den Roquefort auf dem Fleisch verteilen und im Ofen 1–2 Minuten fertig garen, bis der Käse zu schmelzen beginnt. Die Pfeffer-Mignons mit der Sauce umgiessen.

Kochtipp

Das aus der Filetspitze geschnittene Filet mignon ist ein edles und teures Fleischstück. Damit die Fleischstücke beim Braten ihre runde Form behalten, empfiehlt es sich, sie mit Küchenschnur zu binden.

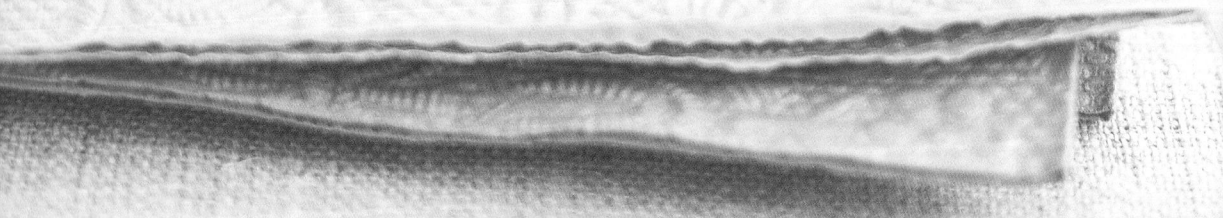

Coq à l'absinthe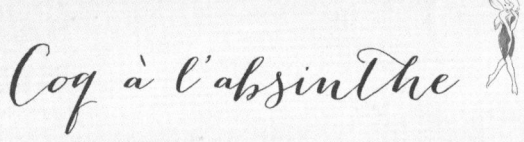

1 Maispoulet
1 Zweig Rosmarin
1 Teelöffel Fenchelsamen
1 Esslöffel Mehl
Salz, Pfeffer aus der Mühle
2 Esslöffel Bratbutter
ca. 200 ml Hühnerbouillon

2 cl Absinthe
250 g Silberzwiebeln
30 g getrocknete Morcheln
100 ml Weisswein
200 ml Vollrahm

Das Maispoulet in Stücke teilen. Den Rosmarin und die Fenchelsamen im Cutter fein mahlen und mit dem Mehl mischen. Die Mehlmischung mit Salz und Pfeffer würzen. Die Pouletteile in der Mehlmischung wenden. In einem Schmortopf die Bratbutter erhitzen und das Fleisch darin portionenweise hell anbraten. Hühnerbouillon und Absinthe dazugiessen. Das Ragout zugedeckt leise köchelnd etwa 45 Minuten schmoren.

Die Silberzwiebeln samt Schale 1–2 Minuten blanchieren. Abgiessen, den Wurzelansatz wegschneiden und die Zwiebeln aus der Schale drücken. Die Morcheln mit Wasser bedeckt etwa 10 Minuten einweichen. Die Morcheln mit kaltem Wasser gründlich abspülen, um eventuelle Sandrückstände zu entfernen. Zwiebeln und Pilze in wenig Bratbutter andünsten. Mit dem Weisswein ablöschen und 10 Minuten köcheln lassen.

Den Rahm mit den Zwiebeln und den Morcheln samt Garflüssigkeit zum Poulet geben und etwa 15 Minuten fertig kochen. Den Coq à l'absinthe mit Salz und Absinthe abschmecken.

Schweinsfilet mit Rosinen, Nüssen und Schinken

1 grosses Schweinsfilet (ca. 600 g)
Zitronenpfeffer, Salz
Olivenöl
ca. 3 cl Absinthe
80 g gemischte Nüsse (z. B. Hasel- und Pekannüsse)
30 g Sultaninen
1 Bund Petersilie
ca. 20 Scheiben Landrauchschinken

Das Schweinsfilet mit Zitronenpfeffer und Salz würzen. In einer Bratpfanne in heissem Olivenöl rundum 3–4 Minuten anbraten. Das Filet mit etwa 2 cl Absinthe ablöschen und flambieren. Dabei den Dampfabzug abschalten, damit die Flammen nicht hochschlagen. Das Filet aus der Pfanne nehmen und beiseitestellen.

Die Nüsse und die Sultaninen nicht zu fein hacken. Im Bratensatz gut andünsten. Mit 1–2 Esslöffeln Absinthe ablöschen. Die Petersilie hacken und dazugeben.

Den Backofen auf 120 Grad vorheizen.

Ein grosses Stück Klarsichtfolie auf der Arbeitsfläche auslegen. Die Schinkenscheiben darauf leicht überlappend zu einem grossen Rechteck auslegen. Die Nussmischung darauf verteilen. Das Schweinsfilet darauflegen und mithilfe der Folie aufrollen. Die Klarsichtfolie entfernen und das Filet mit Küchenschnur binden.

Das Filet auf ein Backblech legen und im vorgeheizten Ofen bei 120 Grad 30–35 Minuten braten. Die Kerntemperatur sollte 60–65 Grad betragen.

«Bier, niemals …
Nur Absinthe kann einen Mann wiederbeleben.»

Honoré Daumier

Kartoffelquiche

Für 3–4 Personen

Für den Teig
300 g Halbweissmehl
¼ Teelöffel Salz
60 g kalte Butter
1 ½ Esslöffel Essig
ca. 100 ml Wasser

500 g festkochende Kartoffeln
300 ml Gemüsebouillon
150 ml Rahm
2 Eier
3–4 Esslöffel Absinthe
3 Schalotten

Das Mehl mit dem Salz mischen. Die Butter in kleine Würfel schneiden und mit dem Mehl mit den Fingern bröselig verreiben. Den Essig und das Wasser dazugiessen und alles zu einem glatten Teig zusammenfügen. Den Teig 30 Minuten ruhen lassen.

Die Kartoffeln schälen und in etwa 2 mm dicke Scheiben schneiden. In der Gemüse-bouillon 10 Minuten kochen. Den Rahm hinzugeben und die Kartoffeln etwas abkühlen lassen. Die Eier verquirlen. Eier und Absinthe mit den Kartoffeln mischen und mit Salz würzen.

Den Backofen auf 200 Grad vorheizen.

Den Teig auf etwas Mehl rund ausrollen. Eine Quicheform von etwa 26 cm Durch-messer mit dem Teig auslegen. Die Schalotten in feine Ringe schneiden. Schalotten und Kartoffeln mischen und samt Flüssigkeit auf den Teig geben. Die Kartoffelquiche im vorgeheizten Ofen bei 200 Grad etwa 40 Minuten backen. Warm geniessen.

Glasierte Absinthe-Tomaten

800 g kleine gemischte vollreife Tomaten
1 Teelöffel Zucker
2 Esslöffel Butter
2 Esslöffel Olivenöl
2 cl Absinthe
Fleur de Sel

Die Tomaten gründlich waschen. Den Zucker und die Butter in einer weiten Bratpfanne aufschäumen lassen. Das Olivenöl hinzugeben. Die Tomaten bei mässiger Hitze
darin schwenken, bis die Schalen aufplatzen und die Früchte weich und warm sind.
Die Tomaten mit Absinthe parfümieren und mit Fleur de Sel abschmecken.

Zwiebel mit Knusperhaube

4 grosse milde Gemüsezwiebeln (Metzgerzwiebeln)
150 g Ricotta
2 Esslöffel Parmesan
2 Eigelb
¼ Teelöffel Backpulver
ca. 2 Esslöffel helles Paniermehl (ohne Rinde)
Salz, Pfeffer aus der Mühle
3 Esslöffel Absinthe

Den Backofen auf 200 Grad vorheizen.

Die Zwiebeln mit der Schale halbieren, in eine ofenfeste Form stellen und mit Alufolie
zudecken. Im vorgeheizten Ofen bei 200 Grad 20–25 Minuten backen, bis sie
etwas weich geworden sind. Aus dem Ofen nehmen. Das Zwiebelfleisch bis auf einen
1 cm breiten Rand aus den Zwiebeln lösen und fein hacken.

Den Ricotta mit Parmesan, Eigelben, dem Zwiebelfleisch und dem Backpulver
mischen. Nur so viel Paniermehl hinzugeben, bis die Masse noch eine cremige Konsistenz hat. Die Masse mit Salz, Pfeffer und Absinthe abschmecken und in die Zwiebeln
füllen. Die gefüllten Zwiebeln im 200 Grad heissen Ofen 8–10 Minuten backen.

«Absinthe, ich bewundere dich wahrhaftig!
Wenn ich dich trinke, kommt es mir vor,
als inhaliere ich die Seele eines jungen Waldes
während der wunderschönen grünen Jahreszeit.»

Raoul Ponchon (aus Sonnet de l'Absinthe, 1886)

Spargelrisotto Grüne Inspiration

8 grüne Spargeln
8 weisse Spargeln
300 ml Wasser
20 g Butter
½ Teelöffel Zucker
Salz
1 Stück Zitronenschale
1 Teelöffel Szechuanpfeffer
½ Teelöffel rosa Pfeffer
2 Esslöffel weiche Butter
3–4 Esslöffel Absinthe
300 g Risottoreis (Carnaroli)
2 Esslöffel Olivenöl
ca. 500 ml Gemüsebouillon
50 g Blauschimmelkäse

Die grünen Spargeln frisch anschneiden. Die weissen Spargeln schälen. Die Spargeln
in Stücke schneiden. Wasser, Butter, Zucker, Salz und Zitronenschale aufkochen.
Die Spargeln darin 5–8 Minuten bissfest garen, dann aus dem Fond heben. Den Fond
für den Risotto warm halten, die Zitronenschale entfernen.

Den Szechuanpfeffer und den rosa Pfeffer im Mörser zerstossen. Beide Pfeffersorten
mit der Butter und dem Absinthe vermengen. Die Pfefferbutter mit Salz würzen
und kühl stellen.

Den Risottoreis im heissen Olivenöl andünsten, bis er glasig ist und leise knistert.
Die Hälfte der Gemüsebouillon und des Spargelfonds dazugeben. Die Flüssigkeit fast
vollständig einkochen lassen. Die restliche Flüssigkeit nach und nach dazugiessen.
Den Risotto regelmässig umrühren, sodass er eine cremige Konsistenz erhält. Wenn
er fast gar ist, die Spargeln darunterheben. Die Pfefferbutter und den Blauschimmelkäse
nach und nach einrühren. Mit Salz und Absinthe abschmecken. Den Risotto vor dem
Servieren 5 Minuten ruhen lassen.

Kochtipp
Ausserhalb der Spargelsaison passen Karotten, Fenchel oder Sellerie sehr gut als
Begleiter zum Absinthe-Risotto. Diese Gemüse schneiden und im Risotto mitkochen.

Süsses

Marroni-Pavés

Für 25–30 Stück

120 g dunkle Schokolade (72 % Kakaogehalt)
100 g Milchschokolade mit Mandelsplittern
3–4 Esslöffel Absinthe
50 g Marronipüree (Esskastanienpüree, Vermicelle)
80 g weiche Butter
ca. 200 g Kakaopulver ohne Zucker

Beide Schokoladensorten in Stücke brechen und in eine Schüssel geben. Über einem Wasserbad bei mittlerer Hitze schmelzen. Die Schokolade etwas auskühlen lassen.

Den Absinthe mit dem Marronipüree und der Butter etwa 5 Minuten zu einer luftigen Masse aufschlagen. Die Schokolade langsam einrühren. Die Schokoladencreme auf einem mit Klarsichtfolie ausgelegten Backblech oder in einer Form etwa 1 cm dick ausstreichen. Die Masse im Kühlschrank etwa 2 Stunden zugedeckt fest werden lassen.

Die Schokoladenplatte aus der Form nehmen und in mundgerechte Stücke schneiden. Das Kakaopulver in eine Schüssel geben und die Pavés darin wälzen.

Vorratstipp
Die Pavés in einer gut verschlossenen Dose im Kühlschrank aufbewahren. So sind sie 2–3 Wochen haltbar.

«Ah, die grüne Göttin!
Was macht die Faszination aus,
die sie gleichzeitig so anbetungswürdig
und so furchtbar macht?»

Aleister Crowley (aus Absinthe. The Green Goddess, 1918)

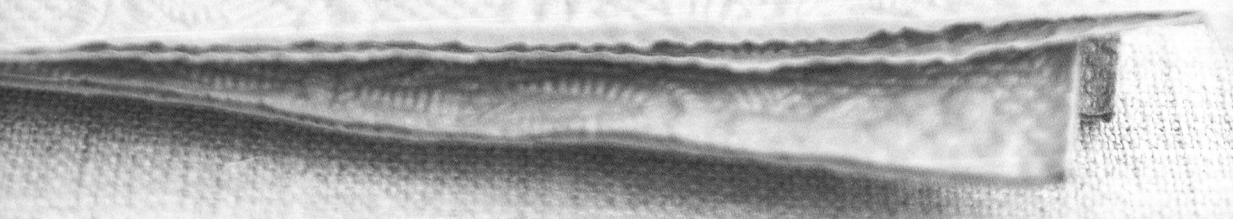

Absinthe-Blüten

Für etwa 50 Stück

180 g weiche Butter
80 g Zucker
1 Prise Salz
3 cl Absinthe
270 g Weissmehl
15 g Hartweizengriess

Die Butter mit dem Zucker und dem Salz etwa 10 Minuten zu einer luftigen, hellen Masse aufschlagen. Den Absinthe einrühren. Das Mehl mit dem Griess mischen und rasch unter die Buttermasse arbeiten, sodass ein glatter Teig entsteht. Den Teig in Folie wickeln und 1 Stunde im Kühlschrank ruhen lassen.

Den Teig portionenweise auf etwas Mehl ½ cm dick ausrollen. Blüten ausstechen und auf ein mit Backpapier belegtes Blech legen. Damit sich der Teig gut von der Ausstechform löst, diese immer wieder in Zucker tauchen. Das Gebäck vor dem Backen 15 Minuten kühl stellen.

Den Backofen auf 200 Grad vorheizen. Die Absinthe-Blüten mit Umluft 6–7 Minuten blond backen. Auf einem Kuchengitter auskühlen lassen.

Marzipanparfait

Für das Parfait
80 g grün eingefärbtes Marzipan
50 ml Milch
2 Eier
120 g Zucker
250 ml Rahm
Absinthe

1 Esslöffel Honig
50 ml Orangensaft
150 g Zwetschgen

Das Marzipan in kleine Würfel schneiden. In der Milch erwärmen und glatt rühren.
Die Eier mit dem Zucker zu einer hellen Creme rühren. Die Marzipanmilch langsam
unter die Eicreme rühren und so lange weiterrühren, bis die Masse kalt ist. Den Rahm
steif schlagen und unter die Marzipancreme heben. Mit 3–4 Esslöffeln Absinthe
parfümieren. Die Masse in kleine Portionenformen füllen und das Parfait mindestens
3 Stunden tiefkühlen.

Den Honig mit dem Orangensaft und 2–3 Esslöffeln Absinthe erwärmen. Die
Zwetschgen halbieren und darin erwärmen. Die Früchte mit dem Marzipanparfait
servieren.

Kochtipp
Zum Parfait passen je nach Saison auch Trauben, Pfirsiche oder Orangen. Die Früchte
klein schneiden und im Sirup erwärmen.

Hefegugelhopf mit Absinthe-Früchten

15 g Hefe
100 g Zucker
270 g Mehl
1 Teelöffel Salz
100 ml Milch
60 g Butter
2 Eier
150 g gemischte Dörrfrüchte
(z.B. Preiselbeeren, Aprikosen, Äpfel, Birnen)
4 cl Absinthe

Die Hefe mit einem Teelöffel Zucker verrühren. Den übrigen Zucker mit dem Mehl und Salz in einer Schüssel mischen und eine Mulde bilden. Die angerührte Hefe in die Mehlmulde geben und 10 Minuten gehen lassen. Die Milch mit der Butter handwarm erwärmen. Die Eier verquirlen und mit der Butter-Milch-Mischung zum Mehl geben. Alles zu einem weichen, glatten Teig verkneten. Den Hefeteig zugedeckt an einem warmen Ort 45 Minuten aufgehen lassen.

Die Dörrfrüchte in kleine Stücke schneiden. Den Absinthe erwärmen und über die Früchte giessen. Bis zur Weiterverarbeitung marinieren lassen.

Eine mittelgrosse Gugelhupfform gut mit Butter ausstreichen und mit Mehl bestäuben. Die Früchte samt Absinthe unter den Teig kneten. Den Hefeteig in die Form füllen und nochmals 45–60 Minuten auf das doppelte Volumen aufgehen lassen.

Den Backofen auf 180 Grad vorheizen.

Den Gugelhopf im vorgeheizten Ofen bei 180 Grad mit Umluft 40–45 Minuten backen. Vor dem Stürzen in der Form 10 Minuten ruhen lassen. Den Gugelhopf auf einem Kuchengitter auskühlen lassen.

Geniessertipp
Der Gugelhopf bleibt gut verpackt 3–4 Tag frisch und schmeckt nach kurzer Lagerung fast noch besser.

Schokoladencreme - Zweierlei

200 ml Milch
150 ml Vollrahm
4 Esslöffel Absinthe
120 g Edelbitterschokolade (80 % Kakaogehalt)
140 g weisse Kuvertüre

Die Milch mit dem Rahm und dem Absinthe erwärmen. Die Hälfte der Mischung
in einen zweiten Topf giessen.

Die Edelbitterschokolade und die weisse Kuvertüre getrennt in Stücke brechen.
Jeweils in einen Teil der Absinthe-Milch geben und darin bei kleiner Hitze schmelzen
lassen. Nach Belieben mit Absinthe abschmecken.

Die beiden Massen nach Aromen getrennt jeweils in vier kleine Tassen oder Schälchen
verteilen. Die Schokoladencremes im Kühlschrank 2–3 Stunden fest werden lassen.
Pro Person je eine Portion helle und dunkle Creme servieren.

Beeren-Espuma

500 g gemischte Beeren
(z.B. Himbeeren, Brombeeren und Johannisbeeren)
3 Esslöffel Zucker
100 ml Wasser
5 Blatt Gelatine
100 ml Doppelrahm
2 cl Absinthe
Rahmbläser mit 2–3 Kapseln

Etwa 300 g Beeren verlesen und mit dem Zucker und dem Wasser erwärmen.
Die Beeren 1 Stunde ziehen lassen. Den entstandenen Saft durch ein feinmaschiges Sieb
abgiessen. Davon 300 ml Saft abmessen und vollständig auskühlen lassen.

Die Gelatine in kaltem Wasser einweichen. Die Gelatineblätter gut ausdrücken mit
zwei Esslöffeln Beerensaft bei kleiner Hitze schmelzen. Zum restlichen Saft geben,
gut vermischen und im Kühlschrank auskühlen lassen, bis der Saft zu gelieren beginnt.
Dann den Rahm einrühren. Die Masse in einen Rahmbläser füllen, diesen gut verschliessen und die Kapseln einsetzen. Den Rahmbläser gut schütteln und für etwa
2 Stunden in den Kühlschrank geben.

Die restlichen Beeren verlesen und in vier Dessertschalen verteilen. Den Rahmbläser
gut schütteln und das Espuma auf die Beeren spritzen. Das Dessert sofort geniessen.

«Es ist ein Elixier, das Meisterwerk
eines alten Alchemisten, kein gewöhnlicher Wein.»

Aleister Crowley (aus Absinthe. The Green Goddess, 1918)

Sauerrahmflan mit Krokant

Für den Flan
3 cl Absinthe
1 Teelöffel frisch gepresster Zitronensaft
1 Vanilleschote
250 g Crème fraîche
50 g Puderzucker
4 Blatt Gelatine
200 ml Vollrahm

Für den Krokant
4 Esslöffel Zucker
2 Esslöffel Mandelblättchen

Den Absinthe mit dem Zitronensaft in eine Pfanne geben. Die Vanilleschote auf-schlitzen, die Samen mit einem Messerrücken aus der Schote streifen und zum Absinthe geben. Den Absinthe erwärmen. Die Crème fraîche mit dem Puderzucker verrühren und den Absinthe-Sirup einrühren.

Die Gelatine in kaltem Wasser einweichen. Die Gelatineblätter gut ausdrücken und mit etwas Sauerrahm bei kleiner Hitze schmelzen. Die Gelatinemischung unter die Crème-fraîche-Creme rühren. Kühl stellen, bis sie zu gelieren beginnt. Den Rahm steif schlagen und unter die Creme heben. Die Creme in kleine Portionenformen füllen. Im Kühlschrank 3–4 Stunden fest werden lassen.

Für den Krokant den Zucker in einer Chromstahlpfanne goldbraun karamellisieren. Die Pfanne vom Herd ziehen. Die Mandelblättchen einrühren. Die Masse sofort auf einem Backpapier dünn ausstreichen und einige Minuten fest werden lassen. Den Krokant in Stücke brechen.

Die Flans vom Formenrand lösen und auf Teller stürzen. Mit Krokant garnieren.

Kochtipp
Zum Zucker 2–3 Tropfen Zitronensaft geben, so bilden sich beim Karamellisieren keine Klümpchen.

Orangen-Macarons
Grüne Verführung

Für etwa 20 Stück

Für die Macarons
1 unbehandelte Orange
100 g Mandelblättchen
160 g Puderzucker
120 g Eiweiss (von 3–4 Eiern)
wenig Zitronensaft
65 g Zucker

Für die Füllung
2 Esslöffel Himbeerkonfitüre
einige Tropfen Orangenblütenwasser
2 cl Absinthe
20 g Puderzucker
100 g weiche Butter

Die Orange gründlich waschen und nur die äusserste Schale fein abreiben. Die Orangenschale mit den Mandeln und dem Puderzucker im Cutter sehr fein mahlen. Das Eiweiss schaumig rühren. 2–3 Tropfen Zitronensaft hinzugeben und das Eiweiss steif schlagen. Den Zucker langsam einrieseln lassen und die Masse weiterschlagen, bis sie fest und glänzend ist. Das Mandelmehl nach und nach darunterheben.

Die Masse in einen Spritzbeutel mit glatter Tülle füllen. Auf ein mit Backpapier belegtes Blech etwa 2 cm grosse Tupfen spritzen. Da sie noch etwas zerlaufen, nicht zu gross spritzen. Die Macarons vor dem Backen 30–40 Minuten stehen lassen, bis die Oberfläche etwas angetrocknet ist und bei leichter Berührung nicht mehr klebt. Den Backofen auf 130 Grad vorheizen. Die Macarons etwa 10 Minuten backen. Auf dem Backblech abkühlen lassen, dann erst ablösen.

Für die Füllung die Himbeerkonfitüre erwärmen und durch ein Sieb streichen. Orangen-blütenwasser und Absinthe daruntermischen und auskühlen lassen. Den Puderzucker zur Butter sieben und die Butter etwa 5 Minuten schaumig schlagen. Das Himbeer-gelee nach und nach einrühren. Die Butter in einen Spritzsack mit kleiner Tülle füllen.

Auf die flachen Seiten der Hälfte der Macarons jeweils einen dicken Tupfen Creme spritzen und einen Macaron als Deckel aufsetzen. Die fertigen Macarons kühl stellen.

Vorratstipp
In einer luftdichten Dose aufbewahrt, bleiben die ungefüllten Macaronschalen gut 1 Woche haltbar.

Feen-Cupcakes

Für 12–14 Stück

1 Apfel (Golden Delicious)
2 cl Absinthe
1 Esslöffel Honig
170 g Mehl
50 g geschälte, gemahlene Mandeln
1½ Teelöffel Backpulver
1 Prise Salz
3 Eier
120 g Butter
120 g Zucker

Für die Creme
50 g Puderzucker
100 g weiche Butter
2 cl Absinthe
2–3 Esslöffel Sirup (z. B. Minze oder Cassis)

50 g Beeren (z. B. Heidelbeeren oder Himbeeren)

Den Apfel schälen, entkernen und in kleine Würfel schneiden. Die Apfelwürfelchen
mit Absinthe, Honig und etwa 2 Esslöffeln Wasser weich dünsten. Auskühlen lassen.

Das Mehl mit den Mandeln, dem Backpulver und dem Salz mischen. Die Eier verquirlen.
Die Eier mit der Butter und dem Zucker zum Mehl geben und alles zu einem luftigen
Teig verrühren. Die Apfelwürfelchen samt Saft einrühren. Den Teig in Muffinformen
verteilen.

Den Backofen auf 180 Grad vorheizen. Die Muffins mit Umluft etwa 15 Minuten
backen. Auskühlen lassen.

Für die Creme den Puderzucker zur Butter sieben. Die Butter zu einer hellen und
luftigen Creme aufschlagen. Mit Absinthe parfümieren und mit Sirup nach Belieben
färben. Die Creme mit einem Spachtel auf die Muffins streichen und mit einigen
Beeren garnieren.

Orangen-Lavendel-Crêpes

Für den Crêpeteig

2 Eier
150 ml Milch
80 g Mehl
10 g Puderzucker
½ Päckchen Bourbon-Vanillezucker
1 Prise Salz

4 Orangen
4 cl Absinthe
2 cl Orangenlikör
2 Esslöffel Zucker
1–2 Zweige Lavendel
1 Esslöffel Butter

Für den Crêpeteig die Eier verquirlen. Die Milch dazugiessen, Mehl, Puderzucker, Vanillezucker und Salz hinzugeben und alles zu einem dickflüssigen, glatten Teig verrühren. Den Crêpeteig 10–20 Minuten ruhen lassen.

Die Orangen samt weisser Haut schälen und die Früchte filetieren. Den Saft auffangen und in eine weite Pfanne geben. Absinthe, Orangenlikör und Zucker zum Orangensaft geben und erwärmen. Die Lavendelblüten von den Zweigen zupfen und mit den Orangenfilets beifügen. Die Früchte erwärmen, aber nicht aufkochen, da die Filets rasch verkochen.

In einer beschichteten Bratpfanne die Butter erhitzen. Aus dem Teig dünne Crêpes backen. Die Crêpes nach dem Backen vierteln und auf Tellern auslegen. Die Orangenfilets samt Saft darauf verteilen. Sofort geniessen.

Mangobiskuit mit Absinthe-Honig-Rahm

Für 6 Personen

4 Eiweiss
2 Eigelb
50 g Puderzucker
50 g geschälte, gemahlene Mandeln
30 g Zucker
40 g Mehl

Zum Tränken
150 ml Mangosaft
2 Esslöffel Limettensaft
3 cl Absinthe
ca. 1 Esslöffel Waldhonig

Für die Garnitur
50 g Mandelblätter
1 Mango
300 ml Vollrahm
1 Beutel Rahmhalter (Sahnesteif)
2 Esslöffel Waldhonig
2 cl Absinthe

Den Boden einer Springform von 18 cm Durchmesser mit Backpapier auslegen. Die Form mit Butter ausstreichen und mit Mehl bestäuben.

Den Backofen auf 180 Grad vorheizen.

Ein Eiweiss mit den Eigelben, dem Puderzucker und den Mandeln etwa 5 Minuten zu einer cremigen Masse aufschlagen. Die übrigen 3 Eiweisse steif schlagen. Den Zucker langsam dazugeben und weiterschlagen, bis ein fester, glänzender Eischnee entstanden ist. Den Eischnee mit dem Mehl portionenweise unter den Teig heben. Die Masse in die vorbereitete Springform füllen und im vorgeheizten Ofen bei 180 Grad mit Umluft 25–30 Minuten backen. Den Biskuit aus der Form nehmen und auskühlen lassen.

Den Mangosaft erwärmen, mit Limettensaft und Absinthe parfümieren. Mit Honig süssen. Etwa 1 Stunde vor dem Servieren den Biskuit vorsichtig mit dem Sirup tränken.

Die Mandelblätter hellbraun rösten. Die Mango schälen, das Fruchtfleisch vom Kern und dann in feine Scheiben schneiden. Den Rahm steif schlagen. Rahmhalter, Honig und Absinthe dazugeben und kurz weiterschlagen. Den Tortenrand mit etwas Rahm bestreichen und mit Mandelblättern bestreuen. Den restlichen Rahm auf die Torte geben und mit Mangoscheiben belegen.

Eclairs mit Absinthe-Creme

Für 6–8 Stück

Für den Brandteig	**Für die Füllung**
120 ml Wasser	1 Vanilleschote
40 g Butter	200 ml Milch
1 Prise Salz	1 Eigelb
80 g Mehl	2 Esslöffel Zucker
2 Eier	20 g Maisstärke (Maizena)
	ca. 2 cl Absinthe
	150 ml Rahm

Für den Brandteig das Wasser mit der Butter und dem Salz aufkochen. Das Mehl im Sturz hinzugeben. Mit einer Kelle kräftig Rühren, bis sich der Teig als zusammenhängender Kloss vom Topfboden löst und sich am Boden ein weiss-samtiger Belag zeigt. Den Brandteig etwas abkühlen lassen. Dann ein Ei nach dem anderen kräftig in den Teig einarbeiten.

Den Backofen auf 180 Grad vorheizen.

Ein Backblech mit Butter bestreichen und mit Mehl fein bestäuben. Den Brandteig in einen Spritzsack mit mittelgrosser Sterntülle füllen. 5–7 cm lange Eclairs auf das Blech spritzen. Im vorgeheizten Ofen bei 180 Grad etwa 20 Minuten backen. Die Eclairs auf einem Kuchengitter auskühlen lassen.

Für die Füllung die Vanilleschote aufschlitzen. Die Milch mit der Schote aufkochen und 10 Minuten ziehen lassen. Das Eigelb mit dem Zucker und der Maisstärke verquirlen. Die Milch einrühren. Alles zurück in die Pfanne giessen, aufkochen und unter Rühren 1 Minute kochen lassen. Die Creme mit Absinthe parfümieren und auskühlen lassen. Den Rahm steif schlagen und darunterziehen. Die Creme in einen Spritzsack mit glatter Tülle füllen. Die Eclairs waagrecht halbieren, die Creme daraufspritzen und den Deckel aufsetzen. Nach Belieben mit Puderzucker bestäuben. Am besten ganz frisch geniessen.

Backtipps
— Vor dem Füllen die halbierten Eclairs im leicht warmen Ofen kurz aufbacken.
— Die Eclairs mit gesüsstem, mit Absinthe parfümiertem Schlagrahm füllen.

Eingemachtes

Beschwipste Mirabellen

1 kg feste Mirabellen
200 g Zucker
500 ml Wasser
4 cl Absinthe

Die Mirabellen gründlich waschen. Den Zucker mit dem Wasser aufkochen.
Die Früchte in den Sirup geben und mit Absinthe parfümieren. Bei milder Hitze etwa
20 Minuten ziehen lassen, bis die Früchte weich sind. Die Früchte in Gläser geben.

Den Sirup nochmals aufkochen und heiss über die Früchte giessen, sodass sie damit
bedeckt sind. Die Gläser sofort verschliessen.

Vorratstipp

Die eingemachten Mirabellen können sich nach 2 Tagen leicht verfärben. Das tut
dem Genuss jedoch keinen Abbruch. Im Glas an einem kühlen Ort gelagert, sind sie
3–4 Monate haltbar.

Weichselkirschen in Absinthe-Sirup

1 kg feste Weichselkirschen
150 ml Rotwein
300 ml Wasser
250 g Zucker
4 cl Absinthe

Die Kirschen waschen und nach Belieben entsteinen.

Den Rotwein mit dem Wasser und dem Zucker 5 Minuten kochen lassen. Die Kirschen in den Sirup geben und darin bei milder Hitze 5 Minuten ziehen lassen. Den Topf vom Herd ziehen und die Kirschen mit etwa 1 cl Absinthe parfümieren. Die Früchte im Sirup auskühlen lassen.

Die Früchte aus dem Sirup heben. Den Sirup noch einmal 5 Minuten kochen lassen. Die Kirschen wieder hinzugeben und gut heiss werden lassen. Den übrigen Absinthe darübergiessen. Die Früchte in Gläser verteilen und mit dem Sirup bedecken. Die Gläser sofort verschliessen.

Vorratstipp
An einem kühlen Ort gelagert, sind die eingemachten Kirschen 3–4 Monate haltbar.

Brombeer-Orangen-Kompott

2 Orangen
500 g Brombeeren
200 ml weisser oder roter Traubensaft
50 g Honig
3 cl Absinthe

Die Orangen mitsamt weisser Haut schälen und filetieren oder in Würfel schneiden.
Die Brombeeren verlesen.

Den Traubensaft mit dem Honig und dem Absinthe in einer Pfanne erwärmen.
Die Früchte in den Saft legen, kurz aufwallen lassen und die Pfanne vom Herd ziehen.
Das Kompott am besten über Nacht an einem kühlen Ort ziehen lassen.

Am nächsten Tag alles nochmals aufkochen. Die Früchte in Gläser verteilen und mit
dem Sirup bedecken. Die Gläser sofort verschliessen.

Vorratstipp
Im Kühlschrank aufbewahrt, ist das Kompott etwa 2 Wochen haltbar.

Kalte Saucen

Orangen-Chili-Sauce mit Absinthe

2 cm frischer Ingwer

1 Schalotte

1 kleine, getrocknete Chilischote

200 ml frisch gepresster Orangensaft

40 g Zucker

ca. 3 Esslöffel Absinthe

Salz

Den Ingwer schälen und fein reiben. Die Schalotte sehr fein hacken. Die Chilischote entkernen und fein hacken.

Den Orangensaft mit Zucker, Ingwer, Schalotte und Chili aufkochen und bei guter Hitze etwas einkochen lassen. Die Sauce mit Absinthe und Salz abschmecken. Kalt servieren.

Geniessertipps

— Diese pikante Orangen-Chili-Sauce passt gut zu Meeresfrüchten, Käse- oder Fleischspeisen im Teig.

— 1–2 Esslöffel dieser pikanten Sauce in einer cremigen Salatsauce verleihen dem Salat eine spezielle Note.

Kräutersenf

150 g englisches Senfpulver
100 ml Wasser
100 ml Weissweinessig
½ Bund Estragon
1 kleiner Zweig Minze
1 Bund glatte Petersilie
ca. 1 Esslöffel Salz
ca. ½ Esslöffel Zucker
Kurkuma
Korianderpulver
2–3 cl Absinthe

Das Senfpulver in eine Schüssel geben. Das Wasser und den Essig aufkochen und darübergiessen. Alles gut durchrühren und 10 Minuten ziehen lassen.

Die Kräuterblätter von den Zweigen zupfen. Mit 1–2 Esslöffeln Wasser in den Cutter geben und sehr fein pürieren. Das Kräuterpüree zum Senfansatz geben. Die Gewürze und den Absinthe dazugeben und alles mit dem Stabmixer mehrere Minuten pürieren. Den Senf 1 Stunde ziehen lassen, wenn nötig mit etwas Wasser verdünnen.

Den Kräutersenf mit Absinthe und den Gewürzen nach Belieben abschmecken. In kleine Gläser abfüllen und im Kühlschrank aufbewahren. Er ist etwa 6 Wochen haltbar.

Geniessertipp
Der Senf passt gut zu kaltem Fleisch oder geräuchertem Fisch.

Dörrtomaten-Kartoffel-Creme

1 grosse mehligkochende Kartoffel
1 grosse Knoblauchzehe
50 g in Öl eingelegte Dörrtomaten
ca. 150 ml Distelöl
Salz
1 cl Absinthe

Die Kartoffel mit der Schale weich kochen, schälen und würfeln. Die Knoblauchzehe dazupressen. Die Dörrtomaten aus dem Öl heben und hinzugeben. Alles mit dem Stabmixer oder im Cutter pürieren. Dabei das Distelöl langsam hinzugeben. Je nach Stärkegehalt der Kartoffel braucht es etwas mehr oder weniger Öl.
Die Dörrtomaten-Kartoffel-Creme mit Salz und Absinthe abschmecken.
Kalt servieren.

Geniessertipp
Diese Creme passt zu grilliertem Gemüse oder zu kaltem Fisch. Als Brotaufstrich auf Fladenbrot oder frischem Baguette mundet sie zum Aperitif.

Warme Saucen

Buttersauce mit Absinthe

1 Schalotte
170 g kalte Butter
120 ml trockener Weisswein
100 ml Gemüse-, Fisch- oder Kalbsfond
2 Esslöffel Absinthe
1 Eigelb
1 Prise Safran
Salz, Cayennepfeffer

Die Schalotte hacken und in wenig Butter andünsten. Mit Weisswein, Fond und Absinthe ablöschen. Bei guter Hitze zur Hälfte einkochen lassen. Die Reduktion durch ein Sieb giessen und in eine weite Pfanne geben. Das Eigelb einrühren.

Unmittelbar vor dem Servieren die Reduktion unter Rühren bis kurz vor den Siedepunkt bringen. Die Pfanne vom Herd ziehen. Die Butter in Würfel schneiden und nach und nach mit dem Schwingbesen einrühren, sodass eine cremig-glänzende Sauce entsteht. Die Sauce mit Safran, Salz, Cayennepfeffer und nach Belieben Absinthe abschmecken. Nicht mehr aufkochen, da sie sonst gerinnt.

Geniessertipp
Die Buttersauce passt, je nach verwendetem Fond, zu gedünstetem Gemüse und Fischgerichten oder zu gebratenem Kalbfleisch.

Fischsauce mit Dill

2 Schalotten
1 Esslöffel Butter
2 cl Absinthe
100 ml Weisswein
150 ml Fischfond
1 frisches Lorbeerblatt
200 g Crème fraîche
2–3 Zweige Dill
1 kleiner Zweig Wermut, nach Belieben
Salz

Die Schalotten hacken und in der Butter glasig dünsten. Mit Absinthe ablöschen und mit Weisswein und Fischfond aufgiessen. Das Lorbeerblatt hinzugeben und die Sauce 10–15 Minuten köcheln lassen. Die Crème fraîche dazugeben, die Sauce sämig einkochen lassen. Das Lorbeerblatt entfernen.

Die Kräuter von den Zweigen zupfen, hacken und zur Sauce geben. Die Sauce mit dem Stabmixer aufmixen und mit Salz abschmecken.

Kochtipp
Als Basis einen hausgemachten Fischfond verwenden. Siehe Rezept «Fischsuppe mit Safran und Fenchel», Seite 56.

Geniessertipp
Diese würzige Fischsauce passt zu pochiertem und gebratenem Fisch, besonders gut sind Wolfsbarsch oder Seeteufel, oder auch zu Jakobsmuscheln. Letztere am besten gleich in der Sauce garen.

Kalbsfond mit Aprikosen

100 g Sellerie

1 Karotte

2 Schalotten

1 Esslöffel Rapsöl

50 ml kräftiger Rotwein

200 ml Kalbsfond

6–8 Dörraprikosen

2 cl Absinthe

1 Teelöffel weiche Butter

½ Teelöffel Mehl

Salz

1 Prise Ingwerpulver

Den Sellerie und die Karotte schälen und in ½ cm grosse Würfel schneiden. Die Schalotten schälen und halbieren. Die Gemüse im heissen Öl glasig andünsten. Mit dem Rotwein ablöschen und den Kalbsfond dazugiessen. Die Sauce 10–15 Minuten kochen lassen, bis das Gemüse knapp weich ist.

Die Dörraprikosen in Würfel schneiden, mit Absinthe beträufeln und kurz marinieren lassen. Die Butter mit dem Mehl verkneten. Die Aprikosen samt Absinthe zur Sauce geben. Die Mehl-Butter-Mischung flockenweise in die Sauce einrühren, köcheln lassen, bis sie leicht bindet. Die Sauce mit Salz und Ingwerpulver abschmecken.

Geniessertipp
Diese Sauce hat durch die Aprikosen eine leicht fruchtige Note und passt gut zu hellem gebratenem Kalbs- oder Schweinefleisch und zu Geräuchertem.

Buttermischungen

Feigen-Nuss-Butter

50 g Pekannüsse
30 g ungesalzene Pistazien
50 g getrocknete Feigen
150 g weiche Butter
ca. 1 cl Absinthe
Salz, schwarzer Pfeffer aus der Mühle

Die Pekannüsse und die Pistazien grob hacken. In einer Bratpfanne ohne Fett leicht rösten. Die Nüsse auskühlen lassen.

Die Feigen in kleine Würfel schneiden. Die Butter so lange aufschlagen, bis sich kleine Spitzchen bilden und sie ganz weiss ist.

Nüsse, Feigen und Absinthe mit der Butter gut vermischen und mit Salz und Pfeffer abschmecken. Die Feigen-Nuss-Butter bis zum Servieren kühl stellen.

Geniessertipp

Die Feigen-Nuss-Butter zu dunklem Fleisch oder Grilladen servieren.

Avocadobutter

150 g weiche Butter
1 Avocado
1 cl Absinthe
1 Esslöffel Zitronensaft
Salz
Tabasco

Die Butter so lange aufschlagen, bis sich kleine Spitzchen bilden und sie ganz weiss ist. Die Avocado halbieren, den Stein entfernen und das Fruchtfleisch aus der Schale lösen. Das Fruchtfleisch mit Absinthe und Zitronensaft beträufeln und mit der Butter mischen. Die Avacadobutter mit Salz und einigen Tropfen Tabasco abschmecken. Bis zum Servieren kühl stellen.

Geniessertipp

Die Avocadobutter zu gebratenem und grilliertem Fisch, Meeresfrüchten und mit Gemüse servieren.

Curry-Peperoni-Butter

1 rote Peperoni (Paprika)
150 g weiche Butter
1 gehäufter Teelöffel Currypulver, mittelscharf
1 Prise Zucker
2 Esslöffel Absinthe
Salz

Die Peperoni halbieren, entkernen und in sehr kleine Würfel schneiden. Die Peperoni-würfelchen in etwas Wasser 2 Minuten blanchieren, abgiessen, mit kaltem Wasser abschrecken und gut abtropfen lassen.

Die Butter so lange aufschlagen, bis sich kleine Spitzchen bilden und sie ganz weiss ist. Die Peperoniwürfel, Currypulver, Zucker und Absinthe hinzugeben und alles gut mischen. Die Curry-Peperoni-Butter mit Salz abschmecken. Bis zum Servieren kühl stellen.

Kochtipp
Für die Curry-Peperoni-Butter ist ein Currypulver mit würzig-fruchtiger Note (z. B. Golden Thai) besonders gut geeignet. Stattdessen kann auch ein Madras-Curry-pulver verwendet werden.

Geniessertipp
Die Curry-Peperoni-Butter unter heissen Reis mischen oder zu Grilladen servieren.

Vorratstipp für alle Butterzubereitungen
Die Buttermischungen sind im Kühlschrank 2–3 Wochen haltbar. Man kann sie auch auf Backpapier geben und zu einer Wurst formen. So lassen sie sich gut portionieren und nach Wunsch auch bis zu 2 Monate tiefgekühlt lagern.

Rezeptverzeichnis

Par Le Roy

Officiers civils et militaires,

surveiller et de maintenir l'ordre public dans le
Département du Royaume, et à tous autres qu'il
Salut Nous vous mandons et ordonnons que
à laisser librement passer La Baronne de ho...
à francfort avec deux Enfants, une
... une fille de chambre ... domes...